Todos los libros de Linkgua Ediciones cuentan con modelos de Inteligencia Artificial entrenados por hispanistas. Pregúntale al chat de tu libro lo que desees acerca de la obra o su autor/a.

Para ebooks: Accede a nuestro modelo de IA a través de este enlace.

Para libros impresos: Escanea el código QR de la portada con tu dispositivo móvil.

Obtén análisis detallados de nuestros libros, resúmenes, respuestas a tus preguntas y accede a nuestras ediciones críticas generativas para una experiencia de lectura más enriquecedora.
La transparencia y el respeto hacia la autoría de las fuentes utilizadas son distintivos básicos de nuestro proyecto. Por ello, las respuestas ofrecen, mediante un sistema de citas, las fuentes con las que han sido elaboradas.

San Juan de la Cruz

Noche oscura; Cántico espiritual; Llama de amor viva y otros poemas

Barcelona 2024
Linkgua-ediciones.com

Créditos

Título original: Poemas.

© 2024, Red ediciones S.L.

e-mail: info@linkgua.com
Diseño de la colección: Michel Mallard.

ISBN CM: 978-84-9007-515-9.
ISBN tapa dura: 978-84-1126-731-1.
ISBN ebook: 978-84-9953-407-7.

Sumario

La vida

San Juan de la Cruz (Fontiveros, Ávila, 1542-Úbeda, Jaén, 1591), España.

Su nombre verdadero era Juan de Yepes y Álvarez. Perteneció a una familia noble y empobrecida de ascendencia judía. Quedó huérfano de padre siendo niño, por lo que su madre lo llevó a Medina del Campo. Allí estudió en el colegio jesuita y, entre 1564 y 1568, en la universidad de Salamanca. En 1563 ingresó en la orden de los carmelitas con el nombre de Juan de San Matías. Cuatro años más tarde conoció a Teresa de Jesús. Entonces cambió su nombre por el de Juan de la Cruz y apoyó el proyecto reformador de Teresa, con la cual tuvo una profunda amistad.

En 1577 las intrigas de los carmelitas calzados lo llevaron a la cárcel durante siete meses. Escribió *Llama de amor viva*, *Cántico espiritual*, y *Noche oscura*, aislado y torturado.

Terminó los poemas tras escapar de la prisión. No se publicaron hasta 1618, por temor a que fuesen tomados por «iluministas».

En 1578 se dirige a Andalucía para recuperarse. Pasa por Almodóvar del Campo y luego es Vicario en el convento de El Calvario en Beas de Segura, Jaén. Más tarde hace amistad con Ana de Jesús.

Tras un nuevo enfrentamiento doctrinal en 1590, en 1591 es destituido de todos sus cargos, y queda como simple súbdito de la comunidad. Durante un viaje de regreso a Segovia, enferma en el convento de La Peñuela de

La Carolina y es llevado a Úbeda, donde muere la noche del 13 al 14 de diciembre.

Esta antología reúne las tres principales obras del poeta místico, al que muchos otros poetas —desde Rubén Darío o Juan Ramón Jiménez, hasta Paul Valéry o T. S. Eliot—, han considerado no solo como la cumbre de la mística española, sino también de la poesía en nuestra lengua. Apasionado y apasionante, capaz de conmover a los lectores más cultos y a los más profanos, San Juan armoniza en sus poemas la perfección verbal y la expresión cargada de emoción, inspirados tanto en su profundo sentimiento religioso, como en su conocimiento de la Biblia —y en particular del Cantar de los cantares—, de la filosofía aristotélica y platónica, y del estilo bucólico y pastoril en las *Églogas* de Garcilaso de la Vega. Además de *Cántico espiritual*, *Noche oscura* y *Llama de amor viva*, el lector encontrará en este volumen las cinco glosas del poeta (junto con dos atribuidas), sus diez romances y uno de sus dos cantares.

Cántico espiritual

Canciones entre el Alma y el esposo

[La esposa]

1   ¿Adónde te escondiste,
Amado, y me dejaste con gemido?
Como el ciervo huiste,
habiéndome herido;
salí tras ti clamando, y eras ido.   5

2   Pastores, los que fuerdes
allá por las majadas al otero,
si por ventura vierdes
aquel que yo más quiero,
decilde que adolezco, peno y muero.   10

3   Buscando mis amores
iré por esos montes y riberas;
ni cogeré las flores
ni temeré las fieras;
y pasaré los fuertes y fronteras.   15

4   ¡Oh, bosques y espesuras
plantadas por la mano del Amado!
¡Oh, prado de verduras,
de flores esmaltado!
Decid si por vosotros ha pasado.   20

[Respuesta de las criaturas]

5   Mil gracias derramando
       pasó por estos sotos con presura,
       y, yéndolos mirando,
       con sola su figura
       vestidos los dejó de hermosura.   25

[La esposa]

6   ¡Ay! ¿Quién podrá sanarme?
       Acaba de entregarte ya de vero;
       no quieras enviarme
       de hoy más ya mensajero,
       que no saben decirme lo que quiero.   30

7   Y todos cuantos vagan
       de ti me van mil gracias refiriendo;
       y todos más me llagan,
       y déjame muriendo
       un no sé qué que quedan balbuciendo.   35

8   Mas, ¿cómo perseveras,
       ¡oh, vida!, no viviendo donde vives
       y haciendo porque mueras
       las flechas que recibes
       de lo que del Amado en ti concibes?   40

9   ¿Por qué, pues has llagado
       aqueste corazón, no le sanaste?
       Y, pues me le has robado,
       ¿por qué así le dejaste
       y no tomas el robo que robaste?   45

10   Apaga mis enojos,
pues que ninguno basta a deshacellos;
Y véante mis ojos,
pues eres lumbre dellos
y solo para ti quiero tenellos.   50

11   Descubre tu presencia,
y máteme tu vista y hermosura;
mira que la dolencia
de amor que no se cura
sino con la presencia y la figura.   55

12   ¡Oh, cristalina fuente!
¡Si en esos tus semblantes plateados
formases de repente
los ojos deseados
que tengo en mis entrañas dibujados...!   60

13   ¡Apártalos, Amado,
que voy de vuelo!

[El esposo]

Vuélvete, paloma,
que el ciervo vulnerado
por el otero asoma
al aire de tu vuelo, y fresco toma.   65

[La esposa]

14   Mi Amado, las montañas,

los valles solitarios nemorosos,
las ínsulas extrañas,
los ríos sonorosos,
el silbo de los aires amorosos,   70

15   la noche sosegada
en par de los levantes del aurora,
la música callada,
la soledad sonora,
la cena que recrea y enamora.   75

16   Cazadnos las raposas,
que está ya florecida nuestra viña,
en tanto que de rosas
hacemos una piña,
y no parezca nadie en la montiña.   80

17   Detente, cierzo muerto.
Ven, austro, que recuerdas los amores;
aspira por mi huerto
y corran tus olores,
y pacerá el Amado entre las flores.   85

18   ¡Oh, ninfas de Judea!
En tanto que en las flores y rosales
el ámbar perfumea,
morá en los arrabales,
y no queráis tocar nuestros umbrales.   90

19   Escóndete, Carillo,
y mira con tu haz a las montañas,
y no quieras decillo;

mas mira las compañas
de la que va por ínsulas extrañas.   95

[El esposo]

20   A las aves ligeras,
leones, ciervos, gamos saltadores,
montes, valles, riberas,
aguas, aires, ardores
y miedos de las noches veladores.   100

21   Por las amenas liras
y canto de serenas os conjuro
que cesen vuestras iras
y no toquéis al muro,
porque la Esposa duerma más seguro.   105

22   Entrádose ha la Esposa
en el ameno huerto deseado,
y a su sabor reposa
el cuello reclinado
sobre los dulces brazos del Amado.   110

23   Debajo del manzano:
allí conmigo fuiste desposada,
allí te di la mano
y fuiste reparada
donde tu madre fuera violada.   115

[La esposa]

24   Nuestro lecho florido

de cuevas de leones enlazado,
en púrpura tendido,
de paz edificado,
de mil escudos de oro coronado.   120

25 A zaga de tu huella
las jóvenes discurren al camino,
al toque de centella,
al adobado vino,
emisiones de bálsamo divino.   125

26 En la interior bodega
de mi Amado bebí, y cuando salía
por toda aquesta vega,
ya cosa no sabía,
y el ganado perdí que antes seguía.   130

27 Allí me dio su pecho,
allí me enseñó ciencia muy sabrosa,
y yo le di de hecho
a mí, sin dejar cosa;
allí le prometí de ser su Esposa.   135

28 Mi alma se ha empleado
y todo mi caudal en su servicio.
Ya no guardo ganado,
ni ya tengo otro oficio,
que ya solo en amar es mi ejercicio.   140

29 Pues ya si en el ejido
de hoy más no fuere vista ni hallada,
diréis que me he perdido,

que, andando enamorada,
me hice perdediza, y fui ganada.   145

30   De flores y esmeraldas,
en las frescas mañanas escogidas,
haremos las guirnaldas
en tu amor floridas
y en un cabello mío entretejidas.   150

31   En solo aquel cabello
que en mi cuello volar consideraste,
mirástele en mi cuello,
y en él preso quedaste,
y en uno de mis ojos te llagaste.   155

32   Cuando tú me mirabas,
su gracia en mí tus ojos imprimían;
por eso me adamabas,
y en eso merecían
los míos adorar lo que en ti vían.   160

33   No quieras despreciarme,
que, si color moreno en mí hallaste,
ya bien puedes mirarme
después que me miraste,
que gracia y hermosura en mí dejaste.   165

[El esposo]

34   La blanca palomica
al arca con el ramo se ha tornado;
y ya la tortolica

al socio deseado
en las riberas verdes ha hallado.   170

35   En soledad vivía,
y en soledad ha puesto ya su nido;
y en soledad la guía
a solas su querido
también en soledad de amor herido.   175

36   Gocémonos, Amado;
y vámonos a ver en tu hermosura
al monte y al collado
do mana el agua pura;
entremos más adentro en la espesura.   180

37   Y luego a las subidas
cavernas de la piedra nos iremos,
que están bien escondidas,
y allí nos entraremos,
y el mosto de granadas gustaremos.   185

38   Allí me mostrarías
aquello que mi alma pretendía,
y luego me darías
allí tú, vida mía,
aquello que me diste el otro día.   190

39   El aspirar del aire,
el canto de la dulce filomena,
el soto y su donaire,
en la noche serena,
con llama que consume y no da pena.   195

Que nadie lo miraba,
Aminadab tampoco parecía;
y el cerco sosegaba,
y la caballería
a vista de las aguas descendía.   200

Noche oscura

Canciones del alma que se goza de haber llegado al alto estado de la perfección, que es la unión con Dios, por el camino de la negación espiritual

  Del mismo autor

1   En una noche oscura
con ansias en amores inflamada,
¡oh, dichosa ventura!,
salí sin ser notada
estando ya mi casa sosegada.   5

2   A oscuras y segura,
por la secreta escala disfrazada,
¡oh, dichosa ventura!,
a oscuras y encelada,
estando ya mi casa sosegada.   10

3   En la noche dichosa,
en secreto, que nadie me veía
ni yo miraba cosa,
sin otra luz y guía
sino la que en el corazón ardía.   15

4   Aquesta me guiaba
más cierto que la luz de mediodía,
adonde me esperaba
quien yo bien me sabía,
en parte donde nadie parecía.   20

5   ¡Oh, noche que guiaste!
¡Oh, noche amable más que la alborada!
¡Oh, noche que juntaste
Amado con amada,
amada en el Amado transformada!   25

6   En mi pecho florido,
que entero para él solo se guardaba,
allí quedó dormido,
y yo le regalaba,
y el ventalle de cedros aire daba.   30

7   El aire del almena
cuando yo sus cabellos esparcía,
con su mano serena
en mi cuello hería
y todos mis sentidos suspendía.   35

8   Quedeme y olvideme.
El rostro recliné sobre el Amado.
Cesó todo y dejeme
dejando mi cuidado
entre las azucenas olvidado.   40

Llama de amor viva

Canciones del alma en la íntima comunicación de unión de amor de Dios

Del mismo autor

1   ¡Oh, llama de amor viva,
que tiernamente hieres
de mi alma en el más profundo centro!
Pues ya no eres esquiva,
acaba ya, si quieres;   5
rompe la tela de este dulce encuentro.

2   ¡Oh, cauterio suave!
¡Oh, regalada llama!
¡Oh, mano blanda! ¡Oh, toque delicado
que a vida eterna sabe   10
y toda deuda paga!
Matando muerte en vida la has trocado.

3   ¡Oh, lámparas de fuego
en cuyos resplandores
las profundas cavernas del sentido,   15
que estaba oscuro y ciego,
con extraños primores
calor y luz dan junto a su Querido!

4   ¡Cuán manso y amoroso
recuerdas en mi seno,   20
donde secretamente solo moras,

y en tu aspirar sabroso,
de bien y gloria lleno,
cuán delicadamente me enamoras!

Coplas del mismo, hechas sobre un éxtasis de harta contemplación

Entreme donde no supe
y quedeme no sabiendo,
toda ciencia trascendiendo.

1 Yo no supe dónde entraba,
porque, cuando allí me vi,
sin saber dónde me estaba,
grandes cosas entendí;
no diré lo que sentí,
que me quedé no sabiendo,
toda ciencia trascendiendo.

2 De paz y de piedad
era la ciencia perfecta,
en profunda soledad
entendida, vía recta;
era cosa tan secreta,
que me quedé balbuciendo,
toda ciencia trascendiendo.

3 Estaba tan embebido,
tan absorto y ajenado,
que se quedó mi sentido
de todo sentir privado,
y el espíritu dotado
de un entender no entendiendo,
toda ciencia trascendiendo.

4   Cuanto más alto se sube,   25
       tanto menos se entendía,
       que es la tenebrosa nube
       que a la noche esclarecía;
       por eso quien la sabía
       queda siempre no sabiendo,   30
       toda ciencia trascendiendo.

5   El que allí llega de vero
       de sí mismo desfallece;
       cuanto sabía primero
       mucho bajo le parece,   35
       y su ciencia tanto crece
       que se queda no sabiendo,
       y su ciencia trascendiendo.

6   Este saber no sabiendo
       es de tan alto poder,   40
       que los sabios arguyendo
       jamás le pueden vencer,
       que no llega su saber
       a no entender entendiendo,
       toda ciencia trascendiendo.   45

7   Y es de tan alta excelencia
       aqueste sumo saber,
       que no hay facultad ni ciencia
       que le puedan emprender;
       quien se supiere vencer   50
       con un no saber sabiendo,
       irá siempre trascendiendo.

8   Y, si lo queréis oír,
       consiste esta suma ciencia
       en un subido sentir   55
       de la divinal esencia;
       es obra de su clemencia
       hacer quedar no entendiendo,
       toda ciencia trascendiendo.

Coplas del alma que pena por ver a Dios

Vivo sin vivir en mí
y de tal manera espero,
que muero porque no muero.

1 En mí yo no vivo ya,
y sin Dios vivir no puedo,   5
pues sin él y sin mí quedo,
este vivir ¿qué será?
Mil muertes se me hará,
pues mi misma vida espero
muriendo porque no muero.   10

2 Esta vida que yo vivo
es privación del vivir;
y así, es continuo morir
hasta que viva contigo.
Oye, mi Dios, lo que digo: 15
que esta vida no la quiero,
que muero porque no muero.

3 Estando ausente de ti,
¿qué vida puedo tener,
sino muerte padecer   20
la mayor que nunca vi?
Lástima tengo de mí,
pues de suerte persevero
que muero porque no muero.

4   El pez que del agua sale   25
aun de alivio no carece,
que en la muerte que padece
al fin la muerte le vale.
¿Qué muerte habrá que se iguale
a mi vivir lastimero,   30
pues si más vivo, más muero?

5   Cuando me empiezo a aliviar
de verte en el Sacramento,
háceme más sentimiento
el no te poder gozar;   35
todo es para más penar
y mi mal es tan entero
que muero porque no muero.

6   Y si me gozo, Señor,
con esperanza de verte,   40
en ver que puedo perderte
se me dobla mi dolor;
viviendo en tanto pavor
y esperando como espero,
muérome porque no muero.   45

7   ¡Sácame de aquesta muerte,
mi Dios, y dame la vida;
no me tengas impedida
en este lazo tan fuerte;
mira que peno por verte   50
y de tal manera espero
que muero porque no muero!

8   Lloraré mi muerte ya
y lamentaré mi vida,
en tanto que detenida   55
por mis pecados está.
¡Oh, mi Dios!, ¿cuándo será
cuando yo diga de vero:
vivo ya porque no muero?

Otras del mismo a lo divino

Tras de un amoroso lance,
y no de esperanza falto,
subí tan alto tan alto,
que le di a la caza alcance.

1   Para que yo alcance diese   5
a aqueste lance divino,
tanto volar me convino
que de vista me perdiese;
y, con todo, en este trance
en el vuelo quedé falto;   10
mas el amor fue tan alto
que le di a la caza alcance.

2   Cuando más alto subía
deslumbróseme la vista,
y la más fuerte conquista   15
en oscuro se hacía;
mas, por ser de amor el lance,
di un ciego y oscuro salto,
y fui tan alto tan alto
que le di a la caza alcance.   20

3   Por una extraña manera
mil vuelos pasé de un vuelo,
porque esperanza del cielo
tanto alcanza cuanto espera;
esperé solo este lance   25
y en esperar no fui falto,

pues fui tan alto tan alto
que le di a la caza alcance.

4   Cuando más cerca llegaba
de este lance tan subido,   30
tanto más bajo y rendido
y abatido me hallaba;
dixe: «No habrá quien lo alcance».
Abatime tanto tanto
que fui tan alto tan alto   35
que le di a la caza alcance.

Glosa del mismo

Sin arrimo y con arrimo,
sin luz y oscuras viviendo,
toda me voy consumiendo.

1   Mi alma está desasida
de toda cosa criada,
y sobre sí levantada,
y en una sabrosa vida
solo en su Dios arrimada.   5
Por eso ya se dirá
la cosa que más estimo,
que mi alma se ve ya
sin arrimo y con arrimo.   10

2   Y, aunque tinieblas padezco
en esta vida mortal,
no es tan crecido mi mal,   15
porque, si de luz carezco,
tengo vida celestial;
porque el amor de tal vida,
cuando más ciego va siendo,
que tiene al alma rendida   20
sin luz y a oscuras viviendo.

3   Hace tal obra el amor
después que le conocí,
que si hay bien o mal en mí,
todo lo hace de un sabor   25
y al alma transforma en sí;

y así, en su llama sabrosa,
la cual en mí estoy sintiendo,
apriesa, sin quedar cosa,
todo me voy consumiendo.   30

Glosa a lo divino

Del mismo autor

> Por toda la hermosura
> nunca yo me perderé,
> sino por un no sé qué
> que se alcanza por ventura.

1   Sabor de bien, que es finito,   5
lo más que puede llegar
es cansar el apetito
y estragar el paladar;
y así, por toda dulzura
nunca yo me perderé,   10
sino por un no sé qué
que se halla por ventura.

2   El corazón generoso
nunca cura de parar
donde se puede pasar,   15
si no en más dificultoso;
nada le causa hartura,
y sube tanto su fe,
que gusta de un no sé qué
que se halla por ventura.   20

3   El que de amor adolece,
del divino ser tocado,
tiene el gusto tan trocado
que a los gustos desfallece;

como el que con calentura   25
fastidia el manjar que ve
y apetece un no sé qué
que se halla por ventura.

4   No os maravilléis de aquesto,
que el gusto se quede tal,   30
porque es la causa del mal
ajena de todo el resto;
y así, toda criatura
enajenada se ve,
y gusta de un no sé qué   35
que se halla por ventura.

5   Que estando la voluntad
de Divinidad tocada,
no puede quedar pagada
sino con Divinidad;   40
mas, por ser tal su hermosura
que solo se ve por fe,
gústala en un no sé qué
que se halla por ventura.

6   Pues de tal enamorado   45
decidme si habréis dolor,
pues que no tiene sabor
entre todo lo criado;
solo sin forma y figura,
sin hallar arrimo y pie,   50
gustando allá un no sé qué
que se halla por ventura.

7   No penséis que el interior,
    que es de mucha más valía,
    halla gozo y alegría   55
    en lo que acá da sabor;
    mas, sobre toda hermosura,
    y lo que es y será y fue,
    gusta de allá un no sé qué
    que se halla por ventura.   60

8   Más emplea su cuidado
    quien se quiere aventajar
    en lo que está por ganar
    que en lo que tiene ganado;
    y así, para más altura,   65
    yo siempre me inclinaré
    sobre todo a un no sé qué
    que se halla por ventura.

9   Por lo que por el sentido
    puede acá comprehenderse   70
    y todo lo que entenderse,
    aunque sea muy subido,
    ni por gracia y hermosura
    yo nunca me perderé,
    sino por un no sé qué   75
    que se halla por ventura.

Cantar del alma que se goza de conocer a Dios por fe

Que bien sé yo la fuente que mana y corre,
aunque es de noche.
 Aquella Eterna fuente está escondida,
que bien sé yo dó tiene su manida,
aunque es de noche.	5
 Su origen no lo sé que pues no le tiene,
mas sé que todo origen della viene,
aunque es de noche.
 Sé que no puede ser cosa tan bella
y que cielos y tierra beben della,	10
aunque es de noche.
 Bien sé que suelo en ella no se halla
y que ninguno puede vadealla,
aunque es de noche.
 Su claridad nunca es oscurecida	15
y sé que toda luz de ella es venida,
aunque es de noche.
 Sé ser tan caudalosas sus corrientes
que infiernos cielos riegan y a las gentes,
aunque es de noche.	20
 El corriente que nace desta fuente
bien sé que es tan capaz y tan potente,
aunque es de noche.
 Aquesta Eterna fuente está escondida
en este vivo pan por darnos vida,	25
aunque es de noche.
 Aquí se está llamando a las criaturas
porque desta agua se harten aunque a oscuras,
porque es de noche.

Aquesta viva fuente que deseo
en este pan de vida yo la veo,
aunque es de noche.

Otras a lo divino de Cristo y el alma del mismo

Un pastorcico solo está penado,
ajeno de placer y de contento,
y en su pastora firme el pensamiento,
y el pecho del amor muy lastimado.

No llora por haberle amor llagado,   5
que no se pena en verse así afligido,
aunque en el corazón está herido;
mas llora por pensar que está olvidado.

Que solo de pensar que está olvidado
de su bella pastora, con gran pena   10
se deja maltratar en tierra ajena,
el pecho del amor muy lastimado.

Y dice el pastorcico: «¡Ay, desdichado
de aquel que de mi amor ha hecho ausencia
y no quiere gozar la mi presencia,   15
el pecho por su amor muy lastimado!».

Y a cabo de un gran rato se ha encumbrado
sobre un árbol, do abrió sus brazos bellos,
y muerto se ha quedado asido dellos,
el pecho del amor muy lastimado.   20

Romances sobre el Evangelio

1.º

«In principio erat Verbum» acerca de la Santísima Trinidad

En el principio moraba
el Verbo, y en Dios vivía,
en quien su felicidad
infinita poseía.
El mismo Verbo Dios era,   5
que el principio se decía.
Él moraba en el principio
y principio no tenía.
Él era el mismo principio,
por eso dél carecía;   10
el Verbo se llama Hijo,
que del principio nacía.
Hale siempre concebido
y siempre le concebía;
dale siempre su sustancia,   15
y siempre se la tenía.
Y así, la gloria del Hijo
es la que en el Padre había,
y toda su gloria el Padre
en el Hijo poseía.   20
Como amado en el amante,
uno en otro residía,
y aquese amor que los une
en lo mismo convenía

con el uno y con el otro   25
en igualdad y valía.
Tres Personas y un Amado
entre todos tres había,
y un amor en todas ellas
y un amante los hacía,   30
y el amante es el amado
en que cada cual vivía,
que el ser que los tres poseen
cada cual le poseía,
y cada cual dellos ama   35
a la que este ser tenía.
Este ser es cada una
y este solo las unía
en un inefable nudo
que decirse no sabía,   40
por lo cual era infinito
el amor que los unía,
porque un solo amor tres tienen,
que su esencia se decía;
que el amor cuanto más uno,   45
tanto más amor hacía.

2.º

De la communicación de las tres Personas

En aquel amor inmenso
que de los dos procedía,
palabras de gran regalo
el Padre al Hijo decía

de tan profundo deleite,   5
que nadie las entendía;
solo el Hijo lo gozaba,
que es a quien pertenecía.
Pero aquello que se entiende,
desta manera decía: 10
«—Nada me contenta, Hijo,
fuera de tu compañía;
y si algo me contenta,
en ti mismo lo quería.
El que a ti más se parece   15
a mí más satisfacía,
y el que nada te semeja
en mí nada hallaría.
En ti solo me he agradado,
¡oh, vida de vida mía!   20
Eres lumbre de mi lumbre,
eres mi sabiduría,
figura de mi sustancia,
en quien bien me complacía.
Al que a ti te amare, Hijo,   25
a mí mismo le daría,
y el amor que yo te tengo
ese mismo en él pondría,
en razón de haber amado
a quien yo tanto quería».   30

3.º

De la creación

«—Una esposa que te ame,
mi Hijo, darte quería,
que por tu valor merezca
tener nuestra compañía
y comer pan a una mesa,   5
del mismo que yo comía,
porque conozco los bienes
que en tal Hijo yo tenía,
y se congracie commigo
de tu gracia y lozanía».   10
«—Mucho lo agradezco, Padre
—el Hijo le respondía—;
a la esposa que me dieres
yo mi claridad daría
para que por ella vea   15
cuánto mi Padre valía
y cómo el ser que poseo
de su ser lo recibía.
Reclinarla he yo en mi brazo,
y en tu amor se abrasaría,   20
y con eterno deleite
tu bondad sublimaría».

4.º

Prosigue

«—Hágase, pues —dijo el Padre—,
que tu amor lo merecía».
Y en este dicho que dijo,
el mundo criado había
palacio para la esposa   5

hecho en gran sabiduría;
el cual en dos aposentos,
alto y bajo, dividía.
El bajo de diferencias
infinitas componía;   10
mas el alto hermoseaba
de admirable pedrería,
porque conozca la esposa
el Esposo que tenía.
En el alto colocaba   15
la angélica jerarquía;
pero la natura humana
en el bajo la ponía
por ser en su ser compostura
algo de menor valía.   20
Y aunque el ser y los lugares
desta suerte los partía,
pero todos son un cuerpo
de la esposa que decía;
que el amor de un mismo Esposo   25
una esposa los hacía.
Los de arriba poseían
al Esposo en alegría;
los de abajo, en esperanza
de fe que les infundía,   30
diciéndoles que algún tiempo
él los engrandecería,
y que aquella su bajeza
él se la levantaría
de manera que ninguno   35
ya la vituperaría;
porque en todo semejante

él a ellos se haría
y se vendría con ellos,
y con ellos moraría;   40
y que Dios sería hombre,
y que el hombre Dios sería,
y que trataría con ellos,
comería y bebería;
y que con ellos continuo   45
él mismo se quedaría,
hasta que se consumase
este siglo que corría,
cuando se gozaran juntos
en eterna melodía;   50
porque él era la cabeza
de la esposa que tenía,
a la cual todos los miembros
de los justos juntaría,
que son cuerpo de la esposa,   55
a la cual él tomaría
en sus brazos tiernamente,
y allí su amor le daría;
y que, así juntos en uno,
el Padre la llevaría   60
donde del mismo deleite
que Dios goza gozaría;
que, como el Padre y el Hijo
y el que de ellos procedía,
el uno vive en el otro;   65
así la esposa sería,
que, dentro de Dios absorta,
vida de Dios viviría.

5.º

Prosigue

Con esta buena esperanza
que de arriba les venía,
el tedio de sus trabajos
más leve se les hacía;
pero la esperanza larga   5
y el deseo que crecía
de gozarse con su Esposo
contino les afligía;
por lo cual con oraciones,
con suspiros y agonía,   10
con lágrimas y gemidos
le rogaban noche y día
que ya se determinase
a les dar su compañía.
Unos decían: «—¡Oh, si fuese   15
en mi tiempo la alegría!».
Otros: «—¡Acaba, Señor;
al que has de enviar envía!».
Otros: «—¡Oh, si ya rompieses
esos cielos, y vería   20
con mis ojos que bajases,
y mi llanto cesaría!
¡Regad, nubes, de lo alto,
que la tierra lo pedía,
y ábrase ya la tierra,   25
que espinas nos producía,

y produzca aquella flor
con que ella florecía!».
Otros decían: «—¡Oh, dichoso
el que en tal tiempo sería,   30
que merezca ver a Dios
con los ojos que tenía,
y tratarle con sus manos,
y andar en su compañía,
y gozar de los misterios   35
que entonces ordenaría!».

6.º

Prosigue

En aquestos y otros ruegos
gran tiempo pasado había;
pero en los postreros años
el fervor mucho crecía,
cuando el viejo Simeón   5
en deseo se encendía,
rogando a Dios que quisiese
dejalle ver este día.
Y así, el Espíritu Santo
al buen viejo respondía   10
que le daba su palabra
que la muerte no vería
hasta que la vida viese
que de arriba descendía,
y que él en sus mismas manos   15
al mismo Dios tomaría,

y le tendría en sus brazos
y consigo abrazaría.

7.º

Prosigue la Encarnación

Ya que el tiempo era llegado
en que hacerse convenía
el rescate de la esposa,
que en duro yugo servía
debajo de aquella ley   5
que Moisés dado le había,
el Padre con amor tierno
desta manera decía:
«—Ya ves, Hijo, que a tu esposa
a tu imagen hecho había,   10
y en lo que a ti se parece
contigo bien convenía;
pero difiere en la carne
que en tu simple ser no había.
En los amores perfectos   15
esta ley se requería;
que se haga semejante
el amante a quien quería;
que la mayor semejanza
más deleite contenía;   20
el cual, sin duda, en tu esposa
grandemente crecería
si te viere semejante
en la carne que tenía».

«—Mi voluntad es la tuya   25
—el Hijo le respondía—,
y la gloria que yo tengo
es tu voluntad ser mía,
y a mí me conviene, Padre,
lo que tu Alteza decía,   30
porque por esta manera
tu bondad más se vería;
verase tu gran potencia,
justicia y sabiduría;
irelo a decir al mundo   35
y noticia les daría
de tu belleza y dulzura
y de tu soberanía.
Iré a buscar a mi esposa,
y sobre mí tomaría   40
sus fatigas y trabajos,
en que tanto padecía;
y porque ella vida tenga,
yo por ella moriría,
y sacándola del lago   45
a ti te la volvería».

8.º

Prosigue

Entonces llamó un arcángel
que San Gabriel se decía,
y enviolo a una doncella
que se llamaba María,

de cuyo consentimiento   5
el misterio se hacía;
en el cual la Trinidad
de carne al Verbo vestía;
y aunque tres hacen la obra,
en el uno se hacía;   10
y quedó el Verbo encarnado
en el vientre de María.
Y el que tiene solo Padre,
ya también madre tenía,
aunque no como cualquiera   15
que de varón concebía,
que de las entrañas de ella
él su carne recibía,
por lo cual Hijo de Dios
y del hombre se decía.   20

9.º

Del Nacimiento

Ya que era llegado el tiempo
en que de nacer había,
así como desposado
de su tálamo salía
abrazado con su esposa,   5
que en sus brazos la traía,
al cual la graciosa Madre
en un pesebre ponía
entre unos animales
que a la sazón allí había.   10

Los hombres decían cantares,
los ángeles melodía,
festejando el desposorio
que entre tales dos había.
Pero Dios en el pesebre   15
allí lloraba y gemía,
que eran joyas que la esposa
al desposorio traía.
Y la Madre estaba en pasmo
de que tal trueque veía;   20
el llanto del hombre en Dios
y en el hombre el alegría,
lo cual del uno y del otro
tan ajeno ser solía.

Otro del mismo que va por «Super flumina Babilonis»

Encima de las corrientes
que en Babilonia hallaba,
allí me senté llorando,
allí la tierra regaba,
acordándome de ti,   5
¡oh, Sión!, a quien amaba.
Era dulce tu memoria,
y con ella más lloraba.
Dejé los trajes de fiesta,
los de trabajo tomaba,   10
y colgué en los verdes sauces
la música que llevaba,
poniéndola en esperanza
de aquello que en ti esperaba.
Allí me hirió el amor   15
y el corazón me sacaba.
Díjele que me matase,
pues de tal suerte llagaba;
yo me metía en su fuego
sabiendo que me abrasaba,   20
disculpando al avecica
que en el fuego se acababa.
Estábame en mí muriendo
y en ti solo respiraba,
en mí por ti me moría   25
y por ti resucitaba,
que la memoria de ti
daba vida y la quitaba.
Gozábanse los extraños

entre quien cautivo estaba;   30
preguntábanme cantares
de lo que en Sión cantaba:
«—Canta de Sión un himno,
veamos cómo sonaba».
«—Decid: ¿cómo en tierra ajena,   35
donde por Sión lloraba,
cantaré yo la alegría
que en Sión se me quedaba?
Echaríala en olvido
si en la ajena me gozaba.   40
Con mi paladar se junte
la lengua con que hablaba,
si de ti yo me olvidare,
en la tierra do moraba.
¡Sión, por los verdes ramos   45
que Babilonia me daba,
de mí se olvide mi diestra,
que es lo que en ti más amaba,
si de ti no me acordare,
en lo que más me gozaba,   50
y si yo tuviere fiesta
y sin ti la festejaba!
¡Oh, hija de Babilonia,
mísera y desventurada!
Bienaventurado era   55
aquel en quien confiaba,
que te ha de dar el castigo
que de tu mano llevaba,
y juntará sus pequeños,
y a mí, porque en ti esperaba,   60
a la piedra, que era Cristo,

por el cual yo te dejaba».

Libros a la carta

A la carta es un servicio especializado para
  empresas,
  librerías,
  bibliotecas,
  editoriales
  y centros de enseñanza;
  y permite confeccionar libros que, por su formato y concepción, sirven a los propósitos más específicos de estas instituciones.

Las empresas nos encargan ediciones personalizadas para marketing editorial o para regalos institucionales. Y los interesados solicitan, a título personal, ediciones antiguas, o no disponibles en el mercado; y las acompañan con notas y comentarios críticos.

Las ediciones tienen como apoyo un libro de estilo con todo tipo de referencias sobre los criterios de tratamiento tipográfico aplicados a nuestros libros que puede ser consultado en Linkgua-ediciones.com.

Linkgua edita por encargo diferentes versiones de una misma obra con distintos tratamientos ortotipográficos (actualizaciones de carácter divulgativo de un clásico, o versiones estrictamente fieles a la edición original de referencia).

Este servicio de ediciones a la carta le permitirá, si usted se dedica a la enseñanza, tener una forma de hacer pública su interpretación de un texto y, sobre una versión digitalizada «base», usted podrá introducir interpretaciones del texto fuente. Es un tópico que los profesores denuncien en clase los desmanes de una edición, o vayan comentando errores de interpretación de un texto y esta es una solución útil a esa necesidad del mundo académico.

Asimismo publicamos de manera sistemática, en un mismo catálogo, tesis doctorales y actas de congresos académicos, que son distribuidas a través de nuestra Web.

El servicio de «libros a la carta» funciona de dos formas.

1. Tenemos un fondo de libros digitalizados que usted puede personalizar en tiradas de al menos cinco ejemplares. Estas personalizaciones pueden ser de todo tipo: añadir notas de clase para uso de un grupo de estudiantes, introducir logos corporativos para uso con fines de marketing empresarial, etc. etc.

2. Buscamos libros descatalogados de otras editoriales y los reeditamos en tiradas cortas a petición de un cliente.